AF357618

Vente du Jeudi 31 Janvier 1884

HOTEL DROUOT, SALLE N° I.

OBJETS D'ART

ET

DE CURIOSITÉ

DE LA CHINE ET DU JAPON

ENVIRON DEUX CENTS KAKEMONOS

EXPOSITION PUBLIQUE

LE MERCREDI 30 JANVIER 1884

De une heure à cinq heures.

COMMISSAIRE-PRISEUR
Me PAUL CHEVALLIER
10, rue de la Grange-Batelière.

EXPERT
M. CHARLES MANNHEIM
7, rue Saint-Georges.

IMPRIMERIE PILLET ET DUMOULIN
RUE DES GRANDS-AUGUSTINS, 5, A PARIS.

CATALOGUE

DES

OBJETS D'ART

ET

DE CURIOSITÉ

DE LA CHINE ET DU JAPON

MATIÈRES PRÉCIEUSES

PORCELAINES, BRONZES, ÉMAUX CLOISONNÉS, MEUBLES

TAPIS, BRODERIES

ENVIRON DEUX CENTS KAKEMONOS

DONT LA VENTE AURA LIEU

HOTEL DROUOT, SALLE N° 1

Le Jeudi 31 Janvier 1884,

A deux heures.

COMMISSAIRE-PRISEUR	EXPERT
M° PAUL CHEVALLIER	M. CHARLES MANNHEIM
10, rue de la Grange-Batelière.	7, rue Saint-Georges.

Chez lesquels se trouve le présent Catalogue.

EXPOSITION PUBLIQUE : le Mercredi 30 Janvier 1884,

DE 1 HEURE A 5 HEURES.

D 5412

CONDITIONS DE LA VENTE

La vente sera faite au comptant.

Les acquéreurs payeront cinq pour cent en sus des enchères applicables aux frais.

L'exposition mettant le public à même de se rendre compte de l'état des objets, il ne sera admis aucune réclamation une fois l'adjudication prononcée.

Paris. — Typ. Pillet et Dumoulin, 5, rue des Grands-Augustins.

DÉSIGNATION DES OBJETS

MATIÈRES PRÉCIEUSES

1 — Jade blanc verdâtre. — Garnitures de trois pièces :
brûle-parfums de forme oblongue, boîte carrée et
petit vase, décorés d'ornements en relief. Sur so-
cles en bois sculpté.

2 — Jade blanc verdâtre. — Deux petits sceptres en
bois sculpté incrusté de plaques de jade blanc.

3 — Jade gris verdâtre. — Petit groupe de deux petits
animaux debout.

4 — Jade gris. — Deux petites coupes ; l'une d'elles
avec anse formée d'une fleur.

PORCELAINES

5 — Vase en forme de rouleau en ancienne porcelaine
de Chine, décoré en émaux de la famille verte et
représentant une réception impériale.

6 — Vase analogue à celui qui précède, décor à médaillon de personnages.

7 — Vase en forme de balustre, décor polychrome à fleurs sur fond vert.

8 — Grand vase en forme de rouleau à décor bleu, fleurs et ornements.

9 — Vase en forme de cornet à panse renflée, décoré de fleurs et d'oiseaux en émaux de la famille rose.

10 — Vase de même forme, décoré de sujets familiers en émaux de la famille rose.

11 — Autre vase en forme de cornet à panse renflée, décoré de fleurs, de rochers et d'oiseaux en émaux de la famille verte.

12 — Bouteille décorée de chimères et d'ornements émaillés en couleurs sur fond brun.

13 — Vase en forme de balustre en porcelaine de Chine, marbré d'émail bleu, jaune, vert et carmin.

14 — Vase analogue à celui qui précède mais plus petit.

15 — Deux vases de même forme en porcelaine de Chine, émaillés bleu uni.

16 — Vase en forme de rouleau en ancienne porcelaine de Chine, décoré de branches de fleurs et de modèles en relief émaillés en couleurs.

17 — Deux vases analogues à celui qui précède, mais en porcelaine moderne.

18 — Vase en forme de balustre en porcelaine de Chine jaspé violet.

19 — Vase en forme de balustre à double losange et à deux anses en porcelaine craquelée verdâtre et marbrée de brun.

20 — Deux petites coupes en porcelaine gaufrée de la Chine décorées de chimères se jouant dans les flots et émaillées rouge à l'imitation des laques de Pékin. L'intérieur est doré.

21 — Dix assiettes en porcelaine de Chine émaillées bleu uni.

22 — Petite gourde lenticulaire à deux anses en porcelaine blanche de la Chine.

23 — Deux bassins de forme contournée en ancienne porcelaine de Chine décorés de chimères en émaux de la famille verte.

24 — Deux coupes rondes et évasées en céladon vert d'eau gaufrées à ornements.

25 — Vase en forme de balustre à forte panse, en porcelaine de Chine décoré à l'imitation du bronze et décoré d'ornements gaufrés.

26 — Grand vase en forme de balustre en porcelaine
de Chine émaillé rouge haricot.

27 — Petit vase en forme de balustre en porcelaine
de Chine décoré d'oiseaux sur des arbustes.

28 — Vase à panse ovoïde allongée et gorge rétrécie
en porcelaine de Chine décoré de fleurs et d'oiseaux émaillés en couleurs sur fond bleu d'eau
caillouté.

29 — Vase semblable à celui qui précède, mais plus
petit.

30 — Vase de forme analogue décoré d'une grue sur
rochers en bleu et rouge de cuivre.

31 — Vase en forme de bouteille à col renflé en
ancienne porcelaine de Chine décoré de palmettes
en bleu sur blanc.

32 — Vase de forme ovoïde allongée, fond bleu empois
et vases et attributs gaufrés en relief et réservés en
gris.

33 — Deux petits vases en forme de balustre carré en
ancienne porcelaine de Chine décorés de paysages
et d'ornements en émaux de couleurs.

34 — Vase de forme losangée en porcelaine de Chine
décoré de paysages et de figures en couleur avec
encadrements en rouge et or.

35 — Deux petits vases en porcelaine de Chine, l'un
d'eux fond vert d'eau à fleurs en bleu et rouge de
cuivre, l'autre décoré de fleurs en couleurs.

36 — Vase en forme de balustre en céladon bleu turquoise uni.

37 — Vase en forme de baril ovoïde à côtes en spi-
rale, en porcelaine de Chine émaillée rouge haricot.

38-39 — Onze petits vases en porcelaine de Chine,
émaillés bleu uni et variés de formes.

40 — Deux petits vases en porcelaine gravée et décorés de fleurs, l'un d'eux à fond rose, l'autre à
fond jaune.

41 — Petite corbeille hexagone réticulée à jour, en
porcelaine blanche de la Chine.

42 — Deux belles jardinières de forme sphérique en
porcelaine de Chine à vases de fleurs et attributs
finement décorés en émaux de couleurs sur fond
clathré d'or.

43 — Deux grands vases cylindriques en porcelaine
de Chine, fond rouge brique décorés de branches
de fleurs en relief, rehaussés de dorure et d'ornements émaillés bleu d'eau.

44 — Deux vases en forme de balustre en porcelaine craquelée gris, à bandes d'ornements gaufrés réservés en brun et à anses têtes chimériques.

45 — Deux vases en forme de rouleau décorés de vases et d'attributs en relief émaillés en couleurs sur fond rose.

46 — Jardinière ronde et profonde en porcelaine de Chine, jaspée rouge et violet.

47 — Vase en forme de balustre à deux anses en céladon bleu turquoise uni.

48 — Vase à panse ovoïde en porcelaine de Chine, émaillé jaune uni.

49 — Vase en forme de balustre à ouverture rétrécie, en porcelaine laquée noir et burgautée à paysages et figures.

50 — Vase en forme de bouteille en porcelaine de Chine, émaillé noir uni.

51 — Vase en forme de balustre en porcelaine de Chine craquelée café au lait et figures gaufrées en relief et décorées en bleu.

52 — Jardinière en forme de baquet décorée de fleurs et à bandes dorées.

53 — Plateau en forme de feuille de nelumbo en céladon bleu turquoise. Sur socle, en bois sculpté.

54 — Grand flacon à thé de forme carrée, décoré de personnages dans des paysages.

55 — Porte-pinceaux formé de deux récipients oblongs en porcelaine de Chine dont la face est découpée à jour et simule des habitations et des arbustes.

56 — Deux bouteilles en porcelaine de Chine, émaillées jaune nankin avec chimères et ornements gravés et émaillés en couleurs.

57 — Grand vase en forme de balustre à ouverture large en porcelaine de Chine à fond brun et fleurs arabesques et dragons gaufrés en relief et décorés en bleu.

58 — Porte-chapeau en porcelaine, laquée noir et burgautée du Tonkin.

59 — Petit vase en forme de balustre, en porcelaine de Chine, fond bleu empois et bandes d'ornements, décorés en rouge de cuivre.

60 — Trois bols en porcelaine de Chine, à fond jaune et fleurs émaillées.

61 — Quatre bols analogues mais plus petits.

62 — Plateau ménagère, composé de huit pièces à pans en porcelaine de Chine, décoré de fleurs sur fond vert.

63-73 — Environ cent-vingt petites pièces diverses en porcelaine de Chine, telles que : Boîtes, plateaux, coupes, tasses, flacons, porte-pinceaux, etc. Ce lot sera divisé.

74 — Bouteille en porcelaine de Chine, émaillée noir.

BRONZES

75 — Grand vase en forme de balustre à deux anses en bronze à ornements en relief.

76 — Vase ovoïde en bronze incrusté d'or et d'argent à ornements en relief et anses formées d'anneaux.

77 — Vase de même travail que celui qui précède, mais plus petit.

78 — Brûle-parfums de forme surbaissée sur trois pieds bas et à deux anses surélevées en bronze clair.

79 — Vase de forme oblongue à panse aplatie en bronze clair.

80 — Coupe à pans et à bords festonnés en bronze à fleurs et oiseaux en relief.

81 — Petit brûle-parfums sur trois pieds droits et à petites anses surélevées en bronze incrusté d'or et d'argent.

82 — Brûle-parfums forme surbaissée à deux anses sur élevées et socle, le tout en bronze.

83 — Brûle-parfums formé d'une chimère assise, en bronze doré en partie et à tête mobile.

84 — Brûle-parfums sur trois pieds et à deux anses surélevées en bronze doré avec couvercle surmonté d'un dragon.

85 — Cornet à panse renflée en bronze décoré d'ornements en relief.

86 — Brûle-parfums oblong avec couvercle formé de deux chimères couchées, en bronze.

87 — Petit cornet à panse renflée en bronze, doré en partie.

88 — Petit vase en forme de balustre en bronze, à ornements en relief et cristaux teintés incrustés.

89 — Brûle-parfums à deux anses surélevées en bronze.

90 — Six petites pièces diverses en bronze variées de formes.

91 — Brûle-parfums en forme de fleur en cuivre doré. Le dessus est en émail cloisonné.

92 — Trois chaufferettes en cuivre jaune.

ÉMAUX CLOISONNÉS

93 — Vase en forme de balustre en ancien émail cloisonné de la Chine décoré de fleurs-arabesques en couleurs sur fond bleu turquoise, et à deux anses en bronze à anneaux mouvants.

94 — Vase de même travail, mais de forme carrée.

95 — Jardinière oblongue à lobes en émail cloisonné de la Chine décorée de fleurs sur fond bleu turquoise.

96-97 — Sept petites pièces diverses en émail cloisonné.

MEUBLES ET OBJETS VARIÉS

98 — Beau meuble fermant à deux portes dans le bas
et formant étagère dans le haut, en bois dur sculpté.
Les portes représentent des paysages.

99 — Meuble étagère fermant à deux portes vitrées
dans le haut et à portes pleines dans le bas, en
marqueterie de Ning-Pô et bois sculpté.

100 — Deux petits écrans en bois sculpté et plaque de
jade vert, veiné de blanc.

101-103 — Divers petits groupes en bois sculpté,
représentant des sujets de la vie publique ou
privée des Chinois.

104-106 — Dix trousses à médecine en laque, variées
de décor .

107 — Trois cadres en bois sculpté et découpé à jour.

108-110 — Six garnitures de fourrure pour vètements.

TAPIS ET BRODERIES

111 — Ancien tapis persan d'un dessin curieux et rare.

112 — Tapis du Thibet à dessin bleu et rouge sur fond bleu.

113 — Store brodé en soie de couleur, sur fond bleu, et représentant une divinité chinoise.

114 — Autre store brodé à fleurs et oiseaux sur fond de soie ponceau.

KAKEMONOS

115-160 — Environ deux cents kakemonos finement peints et représentant des sujets variés. Ce lot sera divisé.

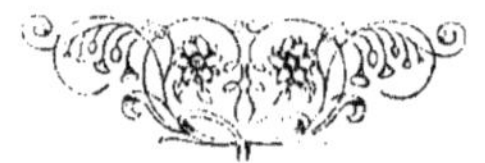